“If you love somebody, set them free”
(Wenn Du jemanden liebst, gib ihm die Freiheit),

Songtitel von STING, 1985

W0368908

Die Kanzelrede

gehalten am Sonntag, den 7.Oktober 2017 in der
Erlöserkirche, München-Schwabing

aufgezeichnet von ARDalpha und gekürzt ausgestrahlt in ‚Denkzeit‘ am
18. November 2017

Was ist die Kanzelrede?

Christian Springer hat im Oktober 2017 die 50. Kanzelrede gehalten. Die Reihe wurde zwanzig Jahre zuvor ins Leben gerufen und wird gemeinsam veranstaltet von der Evangelischen Akademie Tutzing und dem Freundeskreis der Akademie. Der Redner steht dabei in der Kanzel der Erlöserkirche in München-Schwabing, die im Oktober 1901 eingeweiht wurde. Ihr Erbauer war der Jugendstilarchitekt Theodor Fischer (1862–1938), der in München ein großes architektonisches Erbe hinterließ: das Polizeipräsidium an der Ettstraße, die drei historischen Brücken über die Isar, die vom Hochwasser 1899 zerstört worden waren, und nicht zuletzt das berühmte Marionettentheater an der Münchner Blumenstraße.

Das Thema der Kanzelrede soll der Redner frei wählen. Inhaltlich bewege sich die Rede „in jedem ernsthaft diskutablen Feld unseres gegenwärtigen geistigen, politischen, sozialen und kulturellen Lebens. Als mediales Ereignis heben sich Kanzelreden schon deshalb vom Üblichen ab, weil sie sich als engagierte Darstellung einer Persönlichkeit präsentieren, die für ihre Sache einsteht und somit Verantwortung übernimmt.", schreibt die Evangelische Akademie Tutzing.

Unter den bisherigen Kanzelrednern waren Hans-Jochen Vogel, Joachim Gauck, Michel Friedman, Joachim Kaiser, Klaus Bednarz, Bassam Tibi, Christian Stückl, Horst Seehofer, Heiner Geißler, Heribert Prantl, Charlotte Knobloch, Michael Wolffsohn, und Joseph Rovan, der wichtige Förderer des Friedens zwischen Deutschland und Frankreich.

Die folgende Rede von Christian Springer stützt sich auf das Manuskript, das in der gesprochenen Fassung zum Teil ausführlicher, aber an anderen Stellen wiederum kürzer war. Daraus erklären sich die Unterschiede zwischen der TV- und der Druckfassung. Christian Springer ist ein Vollblut-Kabarettist, er improvisiert – immer.

Grußwort von Udo Hahn

Direktor der Evangelischen Akademie Tutzing

Nachdenklich, mahnend, provozierend – und immer wortgewaltig. Das sind die Eigenschaften, die den Kabarettisten Christian Springer auszeichnen. Und so ist auch seine Kanzelrede – ein Format der Evangelischen Akademie Tutzing in Kooperation mit ihrem Freundeskreise in der Erlöserkirche in München-Schwabing.

Der Definition nach handelt es sich bei der Kanzelrede um eine Sprachform, die zwischen Predigt und Vortrag angesiedelt ist. Ihr Ort ist nicht der Gottesdienst, wohl aber der Kirchenraum. Nichtordinierte Persönlichkeiten sprechen zu einem Thema ihrer Wahl. Sie als ‚Laien' zu bezeichnen, wie es im kirchlichen Kontext oft gemacht wird, ist im Kern unangemessen, denn auf ihrem jeweiligen Gebiet sind sie Experten.

Jede Kanzelrede setzt einen ganz eigenen Akzent. Gemeinsam ist ihnen das Verständnis, dass der Glaube auf die Gestaltung der Gesellschaft zielt, Menschen sich nicht mit der Welt abfinden (sollen), wie sie ist. Ein Markenzeichen der Kanzelrede ist die deutliche Sprache und der Bekennermut. Beides zeichnet Christian Springer aus.
Apropos: Er wurde 2016 mit dem Toleranz-Preis der Akademie in der Kategorie ‚Zivilcourage' geehrt, und zwar für seine „vorbildliche Initiative", mit seinem Verein Orienthelfer e.V. den Opfern des Syrienkonflikts direkt in der Krisenregion,

in Jordanien und im Libanon zu helfen. „Durch sein mutiges Vorgehen beweist er, dass der Einzelne etwas bewirken und Menschen in Not eine Perspektive der Hoffnung geben kann“, hieß es in der Jury-Begründung. Im Lichte seiner Entschlossenheit werde die Unfähigkeit der Weltgemeinschaft enttarnt, den Betroffenen endlich die Hilfe zukommen zu lassen, die ihnen ein menschenwürdiges Leben ermöglicht. Seine Initiative sei ein „Dienst an der Menschheit, der jegliche Unterstützung verdient“.

Viel Kraft und Gottes Segen, lieber Herr Springer, das wünscht Ihnen Ihr
Udo Hahn

Die Kanzelrede von Christian Springer

Sehr geehrte Damen und Herren, liebe Evangelische Akademie Tutzing, sehr geehrter Hausherr dieser Kirche,

ich freue mich sehr, dass Sie mich eingeladen haben. Sie sind jetzt gespannt: Was sagt der jetzt? Der Münchner Kabarettist, der sich auch in Dinge einmischt, wenn er nicht auf einer Bühne ist. Tja, was sagt der? Das, wenn ich selber wüsste! Ich habe mir in der Vorbereitung auf diese Rede gedacht: Kanzelrede, Evangelische Kirche, an einem Sonntag Mittag, das Fernsehen ist auch dabei, das heißt: A bisserl gscheit daherreden muasst da scho.

Dann wurde ich gefragt: „Herr Springer, über was sprechen Sie denn? Was ist Ihr Thema? Sie sind frei in Ihrer Wahl." Ich war überrascht, denn ich dachte, der kirchliche Veranstalter hat sicher ein Thema in Vorbereitung und würde einen Vorschlag machen. Nein. Ich war frei. Aber ich war blank und ideenlos in jenem Augenblick. Am Wort ‚frei' blieb ich aber hängen, es war mein Stichwort. Und dann sag ich Depp: „Mein Thema heißt: WIR MÜSSEN FREIHEIT AUSHALTEN".

Und anstatt, dass dann jemand von der Evangelischen Kirche sagt: „Stopp! Herr Springer, Sie sind doch Kabarettist, ist das Thema nicht ein bisserl zu groß, ausufernd, kompliziert…."
Nein! Sagen die zu mir: Genau, so machmas.

Verehrtes Publikum, wissen Sie, DIE FREIHEIT, für so ein Thema, da brauchst du einen Professor der Philosophie-Geschichte, mindestens, und das langt gar nicht. Der muss am besten noch vierundzwanzig Doktortitel haben und den Goethe, Schiller und Lessing noch persönlich gesprochen haben. Ich war schon auch an der Uni, aber ich hab ja nie fertig gemacht. Ich kann, außer Kabarett – im Grunde – nichts. Führerschein Klasse 3, den habe ich. Und das auch nur aus purer Not, weil ich nicht einmal Radlfahren kann.
Und nicht nur ich, der Redner: Für so ein Thema bräuchte man natürlich auch ein Publikum, das vom intellektuellen Background her mindestens.... gell, ich möchte die Anwesenden jetzt nicht beleidigen, aber: Die FREIHEIT, die echte, die große, die ist ganz weit oben. Das ist schon eine andere Liga.

Aber gemeinsam werden wir heute dieses Thema niederringen. „Die Freiheit aushalten müssen", damit meine ich: die Freiheit der anderen. Wie gehen wir damit um, wenn die anderen ganz was anderes denken, was anderes wollen, was anderes machen als ‚WIR'? Zum Beispiel: Wenn diese Deppen wieder AfD wählen. Nur nebenbei: es wird viel zu selten gesagt, dass 85% der Wähler GEGEN die AfD sind, das ist eine unglaubliche Mehrheit. Ich finde das großartig.

Die Freiheit des anderen, das heißt auf gut Bairisch:
Warum derf ER des, und I net?!
Wie es schon in der legendären bayerischen Serie ‚Monaco Franze' heißt (und wir sind jetzt in dieser Kirche direkt gegenüber dem Platz ‚Münchner Freiheit', wo vor dem

Café Münchner Freiheit, der Monaco Franze, also Helmut Fischer, als Bronzeskulptur sitzt), also: wie im Monaco Franze die Haushälterin Erni Singerl das ‚Spatzl', als der Monaco wieder irgendeinen Scheiß ausheckt, beleidigt und aufrührerisch fragt:

„Derf ER des?"

Und der Monaco darf. Er hat seine Freiheit. Die Münchner Freiheit.

Ich möchte Ihnen aus meiner Welt erzählen, da kenn ich mich aus. Und da gab und da gibt es sie: die Freiheit. Ich komme aus Berg am Laim. Für alle, die aus dem Allgäu zuschauen oder in Bad Kissingen sitzen: Berg am Laim. Das ist ein kleines Münchner Stadtviertel, aber das Beste in ganz München. Für mich. Da bin ich aufgewachsen, zur Schule gegangen und ich lebe immer noch da. Berg am Laim, das bedeutet der „Berg am Lehm". Dieser Lehm, aus dem die Ziegel gemacht worden sind, aus denen ein großer Teil Münchens besteht, oder wenigstens bis zum Zweiten Weltkrieg bestanden hat. Und wo schon im 19. Jahrhundert Italiener gearbeitet haben, für einen Hungerlohn, wenn man so will: Wirtschaftsflüchtlinge. Aus dem bettelarmen Süden Europas. Wir haben sie gebraucht. Und manch eine Münchner Familie hat damit italienische Wurzeln, hat aber heute keine Ahnung mehr davon und ist stolz auf eine bayerische Herkunft. Wie kurzsichtig.

Berg am Laim, das war zu meiner Kinderzeit: Rangierbahnhof. Und damit Münchens Eisenbahnerviertel. Einer unserer prominentesten Besucher des Stadtviertels war ‚Fredl Fesl', der als Gewichtheber Mitglied im zugehörigen Sportverein

war. Oder vielleicht auch als Boxer. Das war egal. Man hatte einen Promi.
Als ich groß geworden bin, sind regelmäßig ein paar Kinder, Jugendliche, heimlich auf die Güterwaggons gestiegen und immer wieder ist einer an die Starkstromleitung hingekommen und dann nicht mehr heimgekommen.

Meine Eltern, mein Bruder und ich haben in einem so genannten ‚Block' gewohnt. Drei Stockwerke hoch und sechs, sieben Hauseingänge hintereinander. Vermieter war das Katholische Siedlungswerk. Das Katholische Siedlungswerk, so heißt es in der heutigen Sprache, ist „eine der bedeutendsten Vertreterinnen der kirchlichen Wohnungswirtschaft", die die aktuellen Herausforderungen, „die Schaffung von innovativem und energieeffizientem Wohnraum erfolgreich angenommen hat". Bei uns hieß das simpel: Es ghört der Kirch. DER, nicht DEM.

Abonniert hatten wir die ‚Süddeutsche Zeitung', die ‚Münchner Katholische Kirchenzeitung' und DAS BESTE aus ‚Reader's Digest'. Der Hausmeister für den ganzen ‚Block' hat bei uns im Haus gewohnt. Im Erdgeschoss. Seine Frau, die war einmal *Die schöne Münchnerin*, hat ihn verlassen, er hat sich eine Kugel in den Kopf geschossen, aber es hat nicht geklappt und dann war er wieder Hausmeister.

Heute leben in Berg am Laim 45.000 Menschen. Der Anteil an Migranten liegt bei 32%.
Derf des sei?! Ja, des derf sei.
Das ist Multikulti: 32 Prozent. Man sagt, wenn sie den

Edmund Stoiber durch Berg am Laim fahren, überlebt er das nur mit angelegtem Defibrillator. Und im Bezirksausschuss, so heißen die Münchner Stadtteilparlamente, haben CSU, SPD und Grüne zusammen 90%. Damit wirft bei uns in Berg am Laim keiner so schnell die Demokratie um. Es ist ein friedlicher Stadtteil. Schwarzer Fleck in der Berg am Laimer Geschichte: bis vor 200 Jahren hat es politisch zum Kurfürstbistum KÖLN gehört.

Überlebt habe ich, wie Sie alle ja auch, im Laufe der Zeit folgendes:
Die RAF.
Den sauren Regen.
Einige Flugzeugabstürze im Umkreis (wir waren die Einflugschneise vom alten Münchner Flughafen).
Tschernobyl.
Einen Waffensammler, der mir – weil ich als Bub auf einem Zeitungskasten gesessen bin – eine Pistole an den Kopf gehalten hat.
Das Olympia-Attentat 1972.
Den Bombenanschlag der Nazis 1980 auf das Oktoberfest.
Und das Schwerste aller bayerischen Schicksale: das unerwartete Ableben von Franz Josef Strauß.

All das ist passiert in meinem Heranwachsen. Und ich habe heute kein Verständnis dafür – nicht das geringste sogar – wenn ständig gejammert wird, wie schlimm alles geworden ist.
Es ist nicht schlimmer geworden!
Wissen Sie, meine Eltern hatten große Angst, wenn ich als

Jugendlicher zu meinem Freund nach London geflogen bin. Warum? Wegen Terroranschlägen.
Aber nicht von den Moslems. Von Katholiken!
Die IRA, die älteste Terror-Organisation der Welt. Über 90 Jahre lang war sie aktiv. Und aktiv sein heißt: Bomben, Anschläge, unschuldige Tote. Erst 2011 gab es ein letztes Todesopfer. Neunzig Jahre Kampf und Bombenanschläge. 1982 elf Tote in London, 1983 sechs Tote in London, usw.

Und ich hatte Angst um meine Eltern, wenn sie in den Urlaub geflogen sind, weil es zu dieser Zeit in fast schon regelmäßigen Abständen Flugzeugentführungen gab. Die Terroristen waren natürlich auch immer für die ‚Freiheit' von irgendwas. Zum Beispiel für die Freiheit irgendeines anderen Terroristen, der eingesperrt war und freigepresst werden sollte, oder für die Freiheit eines Volkes oder eines Landes.
Damals meistens Palästinenser. Aber im Lauf der Geschichte wechselt das. Um Palästina zu befreien, haben palästinensische Terroristen in München während den olympischen Spielen Israelis erst als Geiseln gehalten und dann erschossen. Israelis? Nein. Sie haben JUDEN erschossen: Die politische Propaganda war anti-israelisch. Aber der Hass war antisemitisch. Gegen Juden.

Natürlich verstecken sich bis heute unter den Kritikern an Israel Antisemiten. Obwohl von ‚verstecken' kann keine Rede sein, sie schreien laut auf der Demo: „Hamas, Hamas, Juden ins Gas."
Die schwadronieren dann von Meinungsfreiheit. Und zeigen mit dem Finger auf die, die das rechte Gedankengut aufdecken.

Ich kann von dieser Stelle hier nur alle diejenigen, die sachlich politische Missstände aufzeigen und auf Unmenschliches aufmerksam machen wollen, dazu aufrufen: Enttarnt sie, die Antisemiten, die sich bei euch eingeschlichen haben. Und verwehrt ihnen einen Platz in euren Reihen. Das passiert für meinen Geschmack zu selten. Warum lässt man Antisemiten nach wie vor mitmarschieren in den Demonstrationen, die für die Menschenrechte der Palästinenser gedacht sind? Wer jemals die an Israel angrenzenden Länder bereist hat, der weiß, wie eng Israelkritik und Antisemitismus verwoben sind. Die Zeichen sind vielfältig: auf den Landkarten ist an den Stellen, an denen der Staat Israel eingezeichnet sein sollte, ein weißer Fleck. Oder man findet anstelle eines seit siebzig Jahren existierenden Staates dort das Wort ‚Palestine'. Aus dem Sprachgebrauch ist das Wort ‚Israel' meist getilgt, im Libanon sagt man, die ‚Zionisten', oder der ‚südliche Nachbar'.

Inzwischen sind in Syrien mehr Palästinenser ermordet worden, als in der Geschichte Israels. Eine Palästinenser-Demo gegen die Unterdrückung von Palästinensern in arabischen Staaten gab es aber auf deutschen Straßen bisher nicht. All das macht es immer schwieriger, ein vernünftiges Verhältnis zur Kritik an israelischen Menschenrechtsvergehen herzustellen. Und selbst im gebeutelten Gaza-Streifen, der nichts anderes als Frieden bräuchte, wird Öl ins Feuer gegossen, indem die Hamas im Februar den Terroristen Jahia Sinwar zu ihrem Anführer wählte, der die Zukunft so sieht: „Es geht nicht darum, ob wir Israel anerkennen oder nicht, sondern um die Frage, wann wir es auslöschen und seine Existenz beenden."

Derf der des? Er macht es einfach.
Und es wird ihm zugejubelt. Aber es ist ein Aufruf zum Völkermord. Gab es Demonstrationen dagegen? Nein. Gibt es die Chance auf Gespräche zwischen der Bundesregierung und der Hamas? Angela Merkels Antwort darauf ist deutlich: „Nein“. Auch diese Freiheit nimmt sie sich. Und es ist gut so.

Die ‚Landshut‘, ich meine hier die Lufthansa-Boeing 737, ist letzte Woche als kaputtes Relikt der RAF-Zeit nach Deutschland zurück geholt worden. Fast exakt vierzig Jahre nach der Entführung. Die ‚Freiheit‘ sollte mit der ‚Landshut‘-Entführung und den Morden erzwungen werden:
für Baader/Meinhof,
für Palästina.
Beides ist – erwartungsgemäß – nicht geglückt. Im Gegenteil. Die Barbarei hat jeden Funken Freiheit weiter erstickt. Und Menschenleben gekostet: die RAF-Spitze hat sich noch in der gleichen Nacht in Stammheim umgebracht. Hanns Martin Schleyer wurde erschossen.

In der Theorie hat die Freiheit nichts mit Mord zu tun. Nelson Mandela sagte: „Als ich aus der Zelle durch die Tür in Richtung Freiheit ging, wusste ich, dass ich meine Verbitterung und meinen Hass zurücklassen musste, oder ich würde mein Leben lang gefangen bleiben.“
Klingt schön, aber es hält sich niemand dran. Das Ringen um die Freiheit, die sinnlosen Morde dabei, die Sackgassen, all das könnte man nun anhand der ‚Landshut‘ erklären. Für Schüler, auch für Alte, als Museum und am Ende die Frage stellen: Für was genau hat eigentlich Jassir Arafat den

Friedensnobelpreis erhalten?

Ich kannte den Begriff Freiheit sehr früh. Zum ersten Mal von einem Mann, dem man das absolut abgenommen hat. Cowboyhut, Lagerfeuer, Prärie, ‚Marlboro‘:
„Der Geschmack von **Freiheit** und Abenteuer."
Das war die Zigarettenwerbung von damals, als es noch Zigarettenwerbung gab. Ich habe damals schon immer gesagt: „Oh Gott, der arme Mann. Den ganzen Tag aufm Pferdl hocken und weggelaufene Kühe einfangen, weil sein Großbauer zu blöd ist, dass er einen Elektrozaun hinbaut. Und weit und breit keine Wirtschaft!" Für den armen Mann ist die ‚große Freiheit‘ natürlich schon ein kleines Zigaretterl, so a arme Sau. (Nebenbei: am Anfang war die Marlboro-Filterzigarette eine reine Frauenzigarette. Es hat dem Konzern große Mühe gemacht, aus dem züchtigen Werbe-Mädl ein gestandenes Mannsbild zu machen).

Aber dann kam der *echte* Freiheitsbegriff zu uns, in der Philosophie.... Schmarren! In der Ideologie. Der Wahlslogan der CDU-CSU:
„Freiheit statt Sozialismus".
Da hat jeder sofort gewusst, wir sind die Guten, die andern die Arschlöcher. Dieses Verständnis von Freiheit war natürlich gar kein Verständnis von Freiheit, sondern eine reine Marketing-Strategie.
Derf ma des? Ja. Das durften die. Leider.
Aber es war zynisch. Denn die echte Freiheit hat es ja gegeben. Zumindest die Sehnsucht danach. Die Großen der Freiheitsbewegungen im 20. Jahrhundert:

Mahatma Gandhi, der war erschossen.
Martin Luther King, der war erschossen.
Aber Nelson Mandela!
Der hat noch gelebt. Aber weit weg von Freiheit. 27 Jahre im Gefängnis. Und unser umjubelter bayerischer Landesvater Franz Josef Strauß hat damals dazu gesagt, mit dieser Apartheid könne Südafrika zu einem starken Eckpfeiler der westlichen Welt, sogar zu einem Modellbeispiel für die gesamte Welt werden. Nein, er hat es nicht satirisch gemeint. Es war ihm ernst damit. Und in Israel empfing Ministerpräsident Yizhak Rabin den südafrikanischen Premierminister John Vorster und sagte: „Israel und Südafrika teilen die gleichen Ideale: die Hoffnung auf Gerechtigkeit und ein friedliches Miteinander." Ausgerechnet zu John Vorster, ein ultra Rechtsradikaler und im Zweiten Weltkrieg ein Hitler-Fan. Und mit dem friedlichen Miteinander war in Wahrheit das südafrikanische Uranvorkommen gemeint, für die Atombombenpläne Israels.

Bleiben wir kurz in Südafrika: Da findet im Jahr 2010 die Fußball-Weltmeisterschaft statt. Zum ersten Mal in einem afrikanischen Land. Ein Hauch von Freiheit – wenn man so will. Heute wissen wir, auf die Freiheit war gschissen, es war Korruption. Auf der Haupttribüne sitzen die Großen der Welt neben dem südafrikanischen Staatspräsidenten Jakob Zuma. Seit 2009 bis heute ist er der Präsident von Südafrika. Wohin ja viele Menschen gerne hinfahren, weils „so schee" ist. Fast „so schee" wie bei uns. Nur andere Viecher hams. Von denen bringt man Bilder mit zurück. Aber neben dem „so schee" gibt es eben auch diesen Präsidenten.

Jakob Zuma gilt der Weltgemeinschaft nicht als sooo schlecht. Auch moralisch. Er kommt aus ganz superarmen Verhältnissen und er war aus politischen Gründen zehn Jahre im Gefängnis. Das ist eine Biografie, da sagt man bei uns gerne: „Jawoll! Ein guter Mann!“
Heute ist Jakob Zuma wegen Korruption angeklagt, in 783 Fällen. Er hat vier Frauen, 22 Kinder, er hat mindestens ein Mädchen vergewaltigt und danach gesagt, sie hätte freiwillig mitgemacht. Und wer HIV-positiv ist, sagt er, der soll duschen, dann ist es weg. Dafür trägt er den Titel Ehrenprofessor und vier Ehrendoktorwürden. Ich bin gespannt, wann er den Friedensnobelpreis erhält.

Er ist Christ. Achja, eine Zwischenfrage:
Wie würde sich die westliche Welt verhalten, wenn Jakob Zuma Schiit wäre?
Aber er ist es nicht. Als Angela Merkel im Jahr 2015 Jakob Zuma empfängt, sagt sie: „Südafrika ist für uns einer der wichtigsten Partner in Afrika.“
Derf die des? Ja. Das darf die, die Merkel.
Sie ist so ‚frei‘. Denn die Mehrheit der Wähler hat sie gewählt. Gewählt, um die Deutschen und ihre Interessen zu vertreten. Und unsere Interessen sind ganz klar: Fußball und Geld. Ich werde nach dieser Rede wieder gefragt werden: „Herr Springer, was sind denn die Alternativen? Wenn wir mit keinem mehr reden oder Geschäfte machen, der Ihnen nicht genehm ist, das wäre ja eine komplette Abschottung.“
Achso. Und eine Abschottung wäre nicht gut? Oder wie? Oder was? Eine Abschottung gegen die Arschgesichter dieser Erde, denen wir zulassen, dass sie ihre Länder ausbeuten,

Menschen knechten und vergewaltigen, und wir WISSEN das alles - und Zuma ist ja nur ein Beispiel von vielen - gegenüber denen wäre eine Abschottung nicht gut???

Aber eine Abschottung gegen Flüchtlinge, denen alles unterm Hintern weggebombt worden ist, denen Haus, Hof, Gliedmaßen, Angehörige, Zukunft, Bildung geraubt worden sind, also ALLES, gegen DIE brauchen wir schon eine Abschottung? Grenzkontrollen nach Österreich, die nichts bringen, Panzer am Brenner, Obergrenzen, Stacheldraht? Eine Obergrenze für Verbrecher am roten Teppich gibt es nicht. Sie wird nicht einmal verlangt.

Weltweit sind sechzig Millionen Menschen auf einer grauenhaften Flucht. Nicht einmal sechs Prozent davon versuchen, nach Europa zu kommen. Europa ist – mit 700 Millionen Einwohnern – die reichste Region der Welt, die nicht deswegen so reich ist, weil wir so fleißige und brave Leute sind, sondern weil wir den Rest dieser Erde ausquetschen. Und eine feige Angst haben vor einer überschaubaren Horde Rechtsradikaler, anstatt Angst zu haben, dass uns insgesamt bald komplett das Licht ausgeknipst wird, weil wir nicht nur mit den Menschen, sondern mit allen Ressourcen umgehen, als bräuchten wir Luft, Essen, Energie nur bei Amazon nachzubestellen. Und wir höchstens noch überlegen müssen, ob wir eine *Standard*- oder eine *Prime-Lieferung* haben wollen. Und jammern, dass Diesel-Autos nicht mehr in die Innenstadt fahren dürfen.

Als ich in den neunziger Jahren in Aleppo war, im schönsten, ältesten, längsten Basar der Welt, da hat Deutschland die Renovierung dieses alten Basars bezahlt und durchgeführt. Korrodierte Zu- und Abwasserkanäle aus der osmanischen Zeit wurden ersetzt oder repariert. Schön ist es geworden. Heute steht nichts mehr davon. Er ist ausgebrannt, weggebombt. Aber gleichzeitig zur Renovierung hat man damals ein Verkehrskonzept erstellt. Das haben wir toll gemacht, in Aleppo, das damals noch kein Mensch gekannt hat, zur Erhaltung des alten architektonischen Erbes. Und überhaupt, dass Autos gar nicht mehr rein dürfen in das Weltkulturerbe. Mopeds nur noch von 10 bis 12 Uhr. Und auch der syrische Eselskarren hatte sich an Rechtsverkehr und Umweltrichtlinien zu halten. In Aleppo, im alten Basar, da waren wir super mit Verkehrsberuhigung, Standstreifen, rechts vor links. Aber wehe, wenn man heute in München zwischen Isartor und Hauptbahnhof seinen Diesel in Zukunft stehen lassen soll, dann bricht die Welt zusammen.

Wir achten doch auf die Umwelt! Wir fahren zum Wertstoffhof, wir haben eine Papiertonne. Das alte Gewand schmeißen wir in die Kleidersammlung und dem Herrn Springer spendet man für seine Syrienhilfe auch mal Schlittschuhe, einen alten Taucheranzug und zwei Abendkleider – was ich alles nicht brauchen kann für Menschen im Flüchtlingscamp. Und wenn dann so ein Tag des Umweltbewusstseins wieder um ist, kommen abends Freunde zum Essen zu uns nach Hause und wir kochen Italienisch und reden über das Tauchen an den Korallenriffen und darüber, dass es vielleicht das letzte Mal war, weil doch die auch kaputtgehen. Und am Ende dieser privaten Gesinnungskonferenz für unsere schöne

Erde bringen wir im ‚Lifestyle-IKEA-Schöner-Wohnen'-Ambientemix einen heiß dampfenden Espresso an den Tisch. Dabei bekommen die Mädels feuchte Augen, weil sie an die Werbung mit George Clooney denken, aber leider nicht daran, dass wir mit diesen scheiß Espresso-Kapseln 5.000 Tonnen Alumüll im Jahr produzieren. Und am nächsten Tag genießen wir wieder einen ‚Coffee to go', weil es schnell gehen muss, weil wir ja produktiv sein müssen und uns nicht wie die Italiener zehn Minuten Zeit nehmen können für einen Kaffee aus der kleinen Porzellantasse. Und so schlürfen wir im Stechschritt aus Einwegbechern und verbrauchen pro Jahr davon mindestens 3 Milliarden Stück.

Achja, und jammern können wir auch gut über den Rückgang der kleinen, alten Geschäfte in der Innenstadt. Ja, dann muss ich da halt auch amal einkaufen, in diesen lieben, kleinen Läden und nicht immer nur in die Outlets, Malls und Einkaufszentren und sonst wohin fahren. Und wenn ich mich hier schon in Rage rede: Sagen Sie NIE wieder EXpresso. Oder Gnotschi.
Es heißt Espresso, Gnocchi.

Warum wir das alles machen? (Ich nämlich ganz genauso wie Sie und alle anderen. Sonst könnte ich ja nicht so detailgetreu darüber sprechen). Wir machen es so:
Weil wir es können.
Das ist unsere Freiheit. Unser Umweltverhalten wird sich auf unsere Kinder auswirken. Unser Verhalten gegenüber der Welt auch. Wir werden ihnen diese Botschaft hinterlassen: wir waren so frei…

Franklin D. Roosevelt (1882–1945), der US-Präsident während des Zweiten Weltkriegs, hat in seiner berühmten Rede zur Lage der Nation vor dem amerikanischen Kongress erklärt: Es gibt vier Freiheiten, die verteidigt werden müssen. Das war am 6. Januar 1941, also noch während des Krieges: „In der Zukunft, die wir jetzt zu sichern versuchen, hoffen wir eine Welt schaffen zu können, die sich auf vier wesentliche menschliche Freiheitsrechte gründet. Erstens: Redefreiheit und zwar auf der ganzen Welt. Zweitens: Freiheit für jeden Einzelnen, Gott auf seine Weise zu verehren und zwar überall auf der Welt. Drittens: Freiheit von aller Not – das bedeutet international gesehen wirtschaftliche Abkommen, die in jedem Lande den Einwohnern gesunde Friedensverhältnisse sichern – und zwar überall auf der Welt. Viertens: Freiheit von aller Angst – das bedeutet international gesehen, eine weltumfassende Abrüstung, so gründlich und bis zu einem solchen Grade, dass kein Land mehr in der Lage ist, irgendeines seiner Nachbarländer gewaltsam anzugreifen – und zwar überall auf der Welt.“

Noch einmal: Das hat nicht der Papst gesagt oder Mahatma Gandhi oder der Vorsitzende eines Flüchtlingsrats. Es war ein US-amerikanischer Präsident, während eines bereits brutal wütenden Weltkrieges. Eine Rede für die Zukunft der Welt.

Aber alles das, was darin gefordert wurde, haben wir in den vergangenen 76 Jahren nicht geschafft.

Warum machen wir alle mit?

Nun: Das ist unsere Freiheit. Unsere Entscheidungsfreiheit.

Wer das glauben mag, wie es in der Bibel steht: es ist eine Entscheidungsfreiheit, die uns Gott gegeben hat. Für mich,

das ist mein Herkommen, ist Gott natürlich ein katholischer Gott: alt, langer Bart, ja sehr, sehr alt. Und böse.
Bei der Erschaffung des Paradieses: Zwei Menschen, Tiere, Bäume. Sonne, Mond und Sterne. Alle nackert. Grad schee wars! Aber über einen der Bäume sagt er zu den beiden Menschen: „Zu dem dürfts nicht hin!"
Ja, Herrgott nochmal, warum stellt ER diesen Baum mitten nei?! GOTT hätte, wenn er nicht WILL, dass davon gegessen wird, was weiß denn ich, diesen Baum an den Rand pflanzen können, verstecken können, in seinem Wintergarten, Dachterrasse…
Warum überhaupt ein Baum?
Der Baum der Erkenntnis. Für was braucht ER den? ER weiß alles. ER braucht keine Erkenntnis mehr. Aber die anderen, die Menschen, wissen nichts, DIE hätten ein bisschen Erkenntnis bitter nötig. Aber sie sollen anscheinend auch nichts wissen. Sie sollen nur wissen: es gibt sie, die Erkenntnis. Aber nicht für sie, die Menschen.
Was macht GOTT da? Er provoziert.
Ein GOTT, der provoziert: „Da ist der Baum. Der ist supersupertoll. Aber da dürft Ihr auf gar keinen Fall hin. Eure Entscheidung. Ällerbätschi!"
Das ist sie: die Entscheidungsfreiheit. Laut Bibel: Uns, den Menschen, von Gott gegeben. Vielleicht haben deswegen die Existentialisten, Sartre, Camus, gesagt: Der Mensch ist zur Freiheit ‚verdammt'. Denn diese Freiheit ist nicht einfach.

Was ist dann passiert? Natürlich sind Adam und Eva zu dem Baum und ham die Früchte gfressen. Konsequenz: Rausschmiss aus dem Paradies. Auch das muss der

Allwissende ZUVOR ja gewusst haben. Was passieren wird, war ihm klar. Aber ER hat sie gelassen. Und dann passiert etwas, was ich nicht verstehe: Dann stehen die beiden, Adam und Eva, draußen wie die Deppen, die nicht in die tolle Disko reingelassen werden. Und sie drehen sich nicht um, klingeln nicht nochmal und ER, der Allgewaltige, würde sich irgendwann einmal doch melden durch die Gegensprechanlage:
„Wos gibt's?“
Und die beiden würden säuseln: „Oh Herr, Entschuldigung, der Apfel is mir im Mund neigfallen.“ Oder: „Wir ham den Baum doch nur verwechselt, wir ham gedacht, der ganz da drüben ist der, sonst hätten wir ja nie..., Wir machen‘s nie wieder, zweite Chance und so. Geht da wos?“
NICHTS.
Adam und Eva zeigen ihm, obwohl sie alles verloren haben, den Stinkefinger und gehen. Sie gehen. Wohin? In die FREIHEIT.

Sie gehen dorthin, wo sie hoffen, dass ihnen da niemand dreinredet. Dorthin, wo sie für sich selbst entscheiden können. Und da stehen wir heute noch. Denn im Grunde unserer Seele haben wir sie noch in uns: die Sehnsucht nach der Freiheit. Und deshalb ist der Freiheitsgedanke für alle, die sich für Götter halten und glauben, sie könnten über andere Menschen bestimmen, sehr gefährlich. Denn wenn es eskaliert, dann geht der Mensch. Weg. Dorthin, wo der andere keine Macht mehr über ihn hat. Leider ist das in der Realität dieser Welt sehr viel schwieriger zu bewerkstelligen als es aufs Papier zu schreiben.

Jetzt ist das alles ein bisserl lang her. Noch nicht ganz so lange her wie das Paradies, aber auch schon historisch, das ist: Johann Gottfried Seume: Der ist das, warum wir das Land der Dichter und Denker sind. Heute würde der Seume ständig in den Talkshows rumhängen und gescheite Sachen sagen. Markus Lanz würde auf seine Fragezettel schauen und sagen: „Herr Seume, wie war das: Sie und der Münchhausen?"
Denn Johann Gottfried Seume wollte 1781 nach Paris. Aber dumm gelaufen: dort ist er nie angekommen. Hessische Soldaten haben ihn überfallen und an England verkauft. Warum? Engländer haben in ganz Europa Soldaten gekauft oder gemietet, um gegen diese wild gewordenen Amis zu kämpfen, die die Unabhängigkeit wollten, die Freiheit. Dabei hat Seume dann den Münchhausen kennengelernt. Das war aber leider nicht der Lügenbaron Münchhausen, nur sein Cousin, erklärt uns der Lanz, das Stiefeletten-Gscheithaferl des deutschen Fernsehens.

England hat damals verloren. Trotz der vielen gekauften Soldaten, und die Staaten von Amerika wurden unabhängig. Deswegen hängt in Philadelphia im Staat Pennsylvania eine Glocke. Diese Glocke hat am 8. Juli 1776 geläutet, als zum ersten Mal die Amerikanische Unabhängigkeitserklärung verlesen wurde. Und diese Glocke hat einen Namen: sie heißt ‚Freiheitsglocke', sie ist die ‚Liberty Bell' der Welt.

Wissen Sie, die Unterscheidung, wer ein Freiheitskämpfer ist und wer Terrorist, die ist oft unfair. Andreas Hofer, der große Freiheitsheld Südtirols, gegen den haben die Bayern gekämpft. Warum? Weil Napoleon Bayern zum Königreich gemacht hat, waren wir seine Freunde. Und seine Feinde waren dann auch unsere Feinde. Und deswegen waren die Südtiroler für die Bayern damals Aufständische. Und zwar zum Teil Wilde, weil Andreas Hofers Frauenbild nicht weit weg war von dem des Islamischen Staats. Inzwischen sind die Trachtenvereine Bayerns und Südtirols eng verbandelt. Und der Freiheitskämpfer Andreas Hofer schaut am Berg Isel in Innsbruck als Bronzefigur auf die Skisprungschanze. In Südamerika dagegen war die Unterscheidung Terrorist/ Freiheitskämpfer sehr einfach. Wer als südamerikanische Freiheitsbewegung mit der CIA gekämpft hat, war freiheitsliebender Rebell, wer nicht von der CIA finanziert war, war sozialistischer Guerillero.

Johann Gottfried Seume hat über die Freiheit gesagt:
„Die wahre Freiheit ist nichts anderes als Gerechtigkeit."
Das hört sich gut an. Ich persönlich glaube das auch. Und ich glaube auch, dass die Umkehrung davon stimmt: Wo es keine Gerechtigkeit gibt, gibt es keine wahre Freiheit.

Wenn Sie jetzt sagen, was hat der Springer die ganze Zeit mit dem Seume, den kennt keine alte Sau. Nun, den Seume, den kennen Sie schon auch, garantiert. Das war der, der gedichtet hat:
„Wo man singt, da laß' dich ruhig nieder,
böse Menschen haben keine Lieder."
Wir Deutsche beziehen das natürlich widerspruchslos auf uns selbst und denken: ‚Wer singt, ist a Braver.'
Oh, was eine Täuschung! Wer das einfach so vor sich hinplappert, der soll das bitte einmal den genervten Bewohnern von Themar ins Gesicht sagen. Denn dort

in Themar, das liegt bei Suhl, fanden im Juli 2017 zwei Nazi-Konzerte statt. Das erste Konzert hieß: ‚Rock gegen Überfremdung'.
6.000 Neo-Nazis waren da.
Das Zweite hieß: ‚Rock für Identität'.
Da waren 1.000 Neo-Nazis da.
Etliche bezeichnen sich selbst als Nationalsozialisten.
„Derfa die des?!" Ja, des derfa die.
In solchen Fällen ist die Freiheit der anderen oft schwer zu ertragen. Und sie durften das, weil das ganze auf einer privaten Wiese stattfand. Und die Wiese gehört dem Bürgermeister vom Nachbarort. Dieser Bürgermeister hatte sich für die CDU ins Amt wählen lassen, ist aber dann zur AfD gewechselt. Da ist er allerdings auch schon wieder weg. War sie ihm zu links? Man weiß es nicht.

Mit dem Verbieten der Konzerte war es schwierig: Die Konzerte waren angemeldet als politische Kundgebungen und da geht nix mit Verbieten. Wir sind eine Demokratie und müssen das aushalten. So ist das Gesetz. Trotzdem muss sich eine freiheitliche Demokratie nicht von allen Nichtdemokraten auf den Kopf scheißen lassen. Sogar im Fall der Nazi-Konzerte gab es eine Chance. Die Veranstalter verlangten nämlich für die rechtsradikale Sangeskunst 30€ Eintritt. Damit waren die Abende eine ‚kommerzielle' Veranstaltung und keine Kundgebung mehr. Ich bin kein Jurist, aber man hätte es also womöglich verbieten können… Aber es war zu spät.
So kam es, dass dort gesungen wurde und man sich gerne niederließ. Und wieder ist öffentlich mit großer Begeisterung

und musikalischer Untermalung gegrölt worden, dass man Türken und Juden töten muss.

Warum müssen wir immer wieder diese Art von ‚Freiheit‘ aushalten? Weil diese Freiheit ein so großer Wert ist. Aber ein so großer Wert hat auch einen hohen Preis. Das ist ein simples, kaufmännisches Rechenexempel:
Wertvolle Fracht = hoher Preis.
Jemandem Freiheit zu gewähren, gerade solchen Typen, die per se für ‚Unfreiheit‘ stehen, das tut uns weh. Ja, es ist einfach unverständlich. Aber wenn wir Freiheit wollen, müssen wir so etwas aushalten. Ob wir wollen oder nicht. Seit Jahren bereise ich nun Länder, in denen echte demokratische Verhältnisse ein Fremdwort sind. Dort gehen Buben und Mädchen auf die Straße und setzen ihr junges Leben dafür aufs Spiel, einmal im Leben so eine Demokratie erleben zu dürfen, wie wir sie haben. Viel fällt uns dazu nicht ein. Meist belassen wir die Diktatoren im Amt und widmen uns wieder der Bundesliga. Immer wieder spreche ich vor Syrern, die mich fragen: „Wie geht das, ein Land, das zerstört ist, wiederaufzubauen? Wie geht das, eine Demokratie einzuführen?“ Seit 1970 hatten sie in Syrien Diktatur, immer nur eine einzige Familie an der Macht. Die Wahlen sind reine Show. Aber ich bin kein Experte, kein Politologe, ich kann nur über uns erzählen. Und ich erzähle, dass das Aufhören von Schießen noch lange kein Frieden ist. Man muss den Hass begraben. Irgendwohin. Wir konnten nach 1945 nicht alle Nazi-Verbrecher einsperren. Natürlich wollte man auch nicht. Als die DDR in der Geschichte aufgelöst wurde, konnte und wollte man auch nicht alle Stasi-Spitzel und Staatskriminelle hinter Gitter

bringen. Und später kamen nach dem Absitzen ihrer Strafen RAF-Mörder und ihre Beihelfer aus dem Gefängnis.
Was heißt das? Das bedeutet, dass man damit leben muss, dass womöglich der Mörder deines Vaters, der Vergewaltiger deiner Tochter, der Folterer deines Mannes dein Nachbar wird. Täter und Opfer werden Tür an Tür wohnen. Das ist eine fürchterliche Vorstellung. Und dann kommt es auf eines an: die Fäuste in der Tasche zu lassen. Ihn oder sie nicht zu erschießen. Das wird der ersten Generation kaum gelingen. Man wird verrückt dabei. Die zweite Generation ist noch traumatisiert, geschockt und frustriert. In der dritten Generation, also wenn Täter-Urenkel und Opfer-Urenkel zusammenleben, dann wird es schon besser. Aber der Aufbau eines friedlichen Staates und das Einrichten von Freiheiten wird nur gelingen, wenn man so lange Ruhe gibt, nicht schießt. Sehr lange wird es dauern, mehr als ein Menschenalter, bevor man nach der Komplettzerstörung einer Gesellschaft wieder Frieden und Freiheit leben kann.

Ausgerechnet der Erfinder des Blitzableiters hat gesagt: „Wer die Freiheit aufgibt, um Sicherheit zu gewinnen, wird am Ende beides verlieren." Das war Benjamin Franklin, der Mann, der bis heute auf der 100-Dollar-Note vorne drauf ist.

Es ist erstaunlich: die Freiheit trifft immer auf Widersacher. Auch in der Bibel. Der Apostel Paulus schreibt einen Brief an die Römer. Auf der Kanzel einer protestantischen Kirche, noch dazu im Lutherjahr, erlaube ich mir, ihn nach der Lutherbibel zu zitieren. An die Römer: „Denn indem Ihr nun frei geworden seid von der Sünde, seid ihr Knechte geworden

der Gerechtigkeit.“ Kaum ist das Wort ‚frei‘ auch nur kurz ausgesprochen, ist man schon wieder Knecht.
Das passt zu Rom, das bereits Jahrhunderte vor seinem historischen Untergang zugrunde gegangen wäre, wenn es nicht von hunderttausenden von Sklaven am Leben gehalten worden wäre. Rechtlose Menschen, die im römischen Recht, das uns ja die Basis unseres Rechtssystems gab, juristisch als ‚Sache‘ galten. Der Mord an einem Sklaven war nicht mehr als Sachbeschädigung.
Paulus war noch nie in Rom und kündigte sich in seinem Römerbrief an: „Ich bin bis jetzt verhindert worden“, schreibt er den frisch gläubigen Großstädtern. Doch es geht weniger freundlich weiter: „Bin ich doch Griechen und Barbaren, Gebildeten und Ungebildeten verpflichtet.“ Lese ich das falsch oder sagt Paulus hier: „Auch wenn Ihr z’bläd seids, i komm trotzdem, gell.“
Ich bin trotzdem noch katholisch. Uns Christen ist das Osterfest der höchste Feiertag. Weil da, wer weiß es? Weil da der Osterhase kommt. Das stimmt, er kommt auch. Aber der Ursprung ist: Leiden, Tod und Auferstehung von Jesus. Der Tradition nach fielen diese Ereignisse in eine jüdische Pessach-Woche. Dieses Fest Pessach erinnert an die Befreiung der Israeliten aus der ägyptischen Sklaverei. Uns salopp bekannt als ‚Auszug aus Ägypten‘. Bei Auszug denken wir heutzutage an Umzug, Parade, Almabtrieb.
Richtiger kann man sagen: die Flucht des jüdischen Volkes aus der Diktatur. Es ging um Leben und Tod mitten durch das Rote Meer. Es war eine Flucht in die Freiheit.

Aber warum? War der ägyptische Pharao Antisemit? Es gibt

dazu eine Theorie. Eine Geschichte. Und weil sie nicht von Erich von Däniken ist, sondern von Sigmund Freud, gilt sie nicht als eine Verschwörungstheorie. Sigmund Freud, selbst Jude, stirbt 1939 in London. Seine letzte Schrift hieß: ‚Der Mann Moses und die monotheistische Religion'.
Sigmund Freud stützt sich auf die damals aktuellen Forschungen von Ägyptologen und Historikern. Und die schrieben: Der Mann Moses, auch wenn er vielleicht gar nicht so hieß, lebte ungefähr im 14. Jahrhundert vor Christus. Und dieser Moses war nicht irgendein Hausmeister, sondern Regierungsmitarbeiter. Er hat sich offensichtlich gut mit Verkehrswegen ausgekannt, den Straßen ins Gelobte Land, aber er hatte auch Probleme mit dem Aussprechen. Man kann heute sagen: Moses, der Dobrindt vom Pharao. Der Pharao, das war der Echnaton. Und das war der Mo, der Mann, der Ehegatte, von Nofretete. Dieser Name ist den meisten irgendwie bekannt, meistens aus dem Kreuzworträtsel. Nofretete ist die schönste Frau von Berlin, obwohl sie nur ein Auge hat. Die Frau selbst ist lange tot, aber wir haben ihren ur-uralten Gipskopf. Im Ägyptischen Museum in Berlin. Und dieser weltberühmte Gipsschädel ist von den deutschen Ausgräbern natürlich nicht mutwillig gestohlen, sondern eben irgendwie zufällig in einen Koffer hineingefallen… Auf jeden Fall: diese bunte Büste ist von der Versicherung auf 400 Millionen Euro geschätzt und die Ägypter hätten sie gerne wieder, aber wir nehmen uns die Freiheit und sagen: „Äh, nein!"
Derfa wir des? Nein. Aber wir machens.

Echnaton und Nofretete. Die haben sich in ihrem Ägypten

aufgeführt wie Sau und haben die alten, korrupten Kader hochkant hinausgeschmissen. Alles, was vorher war, musste weg. Denn das neue Herrscherduo hat gesagt: Diese ägyptische Vielgötterei, das ist ein Scheiß! Das kostet zuviel Geld, weg damit: ES GIBT NUR EINEN GOTT.
Das war zwar dann immer noch die Sonne, als anbetungswürdiger, lebenspendender Feuerball. Doch daneben sollte nichts mehr verehrt werden – außer der Familie Pharao.
Seither gilt Echnaton als Begründer des Glaubens an den ‚einen' Gott. Wie ist es weitergegangen? Nun, der schöne Plan hat nicht geklappt, die alten Kader haben Geld und Job verloren und waren sauer. Sie haben sich nicht unterkriegen lassen, haben Pläne geschmiedet und sich mit anderen Gelackmeierten zusammengetan. Letzten Endes ist es ihnen gelungen zurückzukehren zu alter Stärke. Echnaton und sein Flitscherl Nofretete wurden davongejagt. Ihre Anhänger umgebracht und alle Bauwerke, Schriften und was sonst noch alles zu dem neuen Glauben dazugehörte, vernichtet. Und Moses? Ist mit seinen Leuten abgehaun. Aber mit der Lehre um den *einen* Gott.

Damit war der jüdische Glaube geboren. Später kamen die Zehn Gebote dazu und noch einige Zeit darauf entstanden daraus Christentum, Islam, ja sogar die Evangelische Kirche. Und jetzt stehn wir da. Mit dem Glauben eines ägyptischen Pharaos.

Ich möchte sehr gerne an Sigmund Freuds Theorie glauben. Denn wir katholische Bayern haben uns Reste der

ägyptischen Vielgötterei bewahrt. Da gibt es zwar den *einen* Gott, aber es sind ja trotzdem drei insgesamt: Vater, Sohn und Heiliger Geist. Und der Sohn hat auch noch eine Mama, die ist auch heilig, und sitzt da oben im Himmel dabei in der Männerwirtschaft. Denn sie ist nicht beerdigt, sondern ‚aufgefahren' in den Himmel. In der rasanten Auffahrt ist allerdings noch der Gürtel herabgefallen, der, da wir ja nichts anderes von Maria haben, gleich dreimal vorhanden ist und damit in drei verschiedenen Kirchen gleichzeitig verehrt werden kann. Maria ist die Mutter des Gottessohnes und erfährt daher in Bayern gottgleiche Verehrung, was – mit Verlaub – in einem Glauben an den *einen* Gott überhaupt nicht geht. Es geht doch und es ist schön.
Und dann die hunderttausend anderen Heiligen, geschnitzt, oder als Reliquie irgendwie umeinanderflackend, und der heilige Petrus, der heilige Paulus und der Zimmermann Josef, der uns sogar einen Feiertag beschert hat, und der heilige Antonius, der wichtig ist, wenn der katholische Opa mal die Brille und die katholische Oma das Gebiss verlegt hat. Denn auf den Antonius ist Verlass, er findet sie und führt uns in das Versteck. Und der Leonhardiritt und der heilige Augustinus, wo es uns scheißegal ist, ob der Augustinus ein Kirchenvater ist oder nicht, hauptsache man kriegt nächstes Jahr wieder einen Platz bei ihm im Augustiner – dem Bierzelt auf der Wiesn. Alle vereint im Glauben an den *einen*.

Mein Glaube ist lebensnah. Schauen Sie, wir Katholiken können sündigen und das tun wir auch. Meistens nicht aus Versehen, sondern gern, weil es oft schöne Sachen sind, und dann geht man beichten. Das lernt man als Kind. Weil das

Kind aber nicht genau weiß, was ist jetzt eine Sünde. Hab ich überhaupt schon gesündigt? Und wenn doch nicht, was rede ich dann mit dem Pfarrer? Im dunklen Beichtstuhl?
Ich kann ja im Gegensatz zu Protestanten meinen Pfarrer nicht fragen: Wie geht's der Frau? Was machen die Kinder? Damit man aber im Beichtstuhl etwas zu reden hat, gibt es so kleine Hefte, wo drinsteht, was eine Sünde ist und was nicht. Aber was eine Sünde ist, das hat sich im Laufe der Zeiten natürlich immer wieder geändert.

Als ich als Kind in das Alter gekommen bin, in dem man zur Beichte muss, hat mir meine Großtante so ein Beichtheft in die Hände gedrückt. Da habe ich dann nachgeschaut. ABER: Dieses Beichtheft war von ganz früher. Aus der Kinderzeit meiner Großtante und die ist 1902 geboren. Die Sünden, die dort aufgelistet waren, waren ziemlich ‚retro' und nicht mehr uptodate. Aber ich bereitete mich gewissenhaft auf die Beichtsitzung vor. Jetzt geh ich also damals in die Kirche. Beichtstuhl. Hinknien. Hinter dem Gitter der Pfarrer. Und dann zähle ich meine Verbrechen gegen Gott auf. Und sage auswendig gelernt: „Ich habe gesündigt, ich habe mich von der Gemeinschaft der Gläubigen ausgeschlossen, weil ich am Sonntag in der Messe am Gesang nicht teilgenommen habe." Auf deutsch: Ich habe nicht mitgesungen, was in dem Heftchen meiner Großtante durchaus als Sünde zu beichten war. Kaum hatte ich ausgeredet, höre ich durch dieses Gitterfenster, es ist ja da drin stockfinster, wie der Pfarrer so a bisserl kurzatmig schnauft, immer wieder, und dann fangt der zum Lachen an. Und hört nicht mehr auf. Ein riesen Lacher. Bei meiner ersten großen Beichte.

Derf der Pfarrer des? Ja.
Weil das ungefähr seit achtzig Jahren keine Sünde mehr war. Doch mir hat man darüber nicht Bescheid gegeben. Diese ungeplante Unterhaltungseinlage im Beichtstuhl der Michaelskirche in Berg am Laim war quasi der Beginn meiner Kabarettkarriere.

Aus beruflichen Gründen stehen mir unter den vielen Freiheitsbegriffen zwei davon besonders nahe. Die Freiheit der Meinung und die Freiheit der Kunst. Obwohl diese Freiheiten in den Gesetzen zum Glück fest verankert sind, hört das Ringen darum nie auf. Im Jahr 1994 hatten Helmut Schleich, ich und ein paar andere Kollegen ein wunderbares Kabarettstück auf die Bühne gebracht, das hohe Wellen schlug. Es beschäftigte sich mit den Auswüchsen der Institution Kirche und hieß etwas provokant ‚Die Geile Messe'. Vor einer Aufführung gingen Mord- und Bombendrohungen ein und der Ebersberger Pfarrer veranstaltete gleichzeitig zur Aufführung eine Messe. Doch der Staat hielt zu seinen freiheitlichen Versprechen: die Polizei bewachte den Veranstaltungsort, damit das Stück aufgeführt werden konnte.

Nicht immer geht es gut für die Kunst aus. Im Jahr 2001 – wir befinden uns also bereits im 21. Jahrhundert – löste ein Lied der ‚Biermösl Blosn' einen heftigen Skandal aus. Das Lied selbst wurde schon seit 1982 auf den Bühnen landauf landab unter großer Begeisterung gespielt und war bekannt unter dem Titel ‚Baywa-Lied'. Als Melodie wurde die heilige Bayernhymne verwendet. So geht's nicht! Skandal! Aber so humorlos waren nicht alle. Da das Lied ein Hit war, dazu bairisch, bös und lustig, wurde es im Jahr 2001 in einem Schulbuch abgedruckt, was im Bayerischen Kultusministerium wiederum zu Schnappatmung führte. Natürlich sollten die bayerischen Schüler in ihrer Erziehung die BAYWA kennenlernen. Aber bitte doch als brave Bauersleut, die dort regelmäßig einkaufen. Aber sich darüber lustig machen! Das ging zu weit. Hier endete die Kunstfreiheit der Regierenden Bayerns. Das Schulbuch wurde mitsamt dem Baywa-Lied eingestampft. Es war das Liederbuch der achten Klasse der Hauptschulen.

Dafür hat die Bayern-Hymne in der Originalversion in ein anderes wichtiges Buch Eingang gefunden. Seit 2013 ist sie Bestandteil des offiziellen katholischen Gesangbuches ‚Gotteslob', dem Münchner Erzbischof Kardinal Marx war es ein *persönliches Anliegen*. Das trifft zwar nicht ganz das, was wir immer die ‚Trennung von Staat und Kirche' nennen, aber auch der Ministerpräsident fand es toll, „wie hier Volksfrömmigkeit und die Tradition verbunden werden". Wir sind so frei.

Es herrscht ein kleines Kuddelmuddel über die ‚wahre und echte' Fassung der Bayern-Hymne. Autor und Komponist haben schon zu Lebzeiten etliche verschiedene Fassungen vorgelegt. Etwas mehr Klarheit sollte her. So kam es, dass erst vor wenigen Jahren, im Jahr 2012, ein Wettbewerb ausgeschrieben wurde, um eine neue dritten Strophe zu finden. Neben der Bayerischen Volksstiftung war die Bayerische Staatskanzlei federführend. Der Wettbewerb ging los und am Ende stand ein Hauptpreisträger fest. Gewonnen

hat das Ringen um eine neue dritte Strophe der Bayernhymne: Muhammad Agca. Das ist wahrlich sehr lustig. Aber dies ist nur die halbe Wahrheit, denn er war nicht allein. Und vertrat mit seinen Mitstreitern die Berufliche Oberschule Bad Tölz. Dennoch: Der SPD-Antrag, die Bayernhymne offiziell um diese neue Strophe zu ergänzen, wurde mit CSU-Mehrheit abgelehnt. Daher hier zum Nachlesen:
Gott mit uns und allen Völkern, ganz in Einheit tun wir kund:
In der Vielfalt liegt die Zukunft, in Europas Staatenbund.
Freie Menschen, freies Leben, gleiches Recht für
Mann und Frau!
Goldne Sterne, blaue Fahne und der Himmel, weiß und blau.

Es war einfach ein bisschen viel Multitkulti und Emanzengetöse auf einmal. Da hält man sich lieber an das traditionelle Volksgut, das man nicht aus den Schulbüchern zu streichen gedenkt, auch wenn es beispielsweise eine Hymne auf einen Rechtsbrecher ist. In der letzten Strophe des Jennerweinliedes, das das Ableben (in Bayern sagt man: den ruchlosen Mord) des Wilderers Georg ‚Girgl' Jennerwein besingt, geht es auch um Freiheit:
Denn auf den Bergen, ja, gilt die Freiheit,
ja auf den Bergen ist es gar so schön,
allwo auf grauenhafte Weise
der Jennerwein zugrund mußt gehn.

Heißt das, wer in Bayern der echten Freiheit zu nahe kommt, der muss sterben? Um Gotteswillen nein. Wobei es ein noch viel entsetzlicheres Beispiel dafür gibt, an dem allerdings die demokratisch gewählten bayerischen Regierungen keinerlei

Schuld tragen. Der schwäbische Politiker Robert Scholl saß 1942 für vier Monate im Gefängnis, nachdem er Adolf Hitler als „Geißel Gottes“ bezeichnet hatte, und auch sonst dem Nazi-Regime offen ablehnend gegenüber stand. In der Zeit seiner Inhaftierung stand vor den Gefängnismauern in Ulm seine Tochter Sophie Scholl und spielte auf der Blockflöte, für ihren Vater hörbar, ein Lied: ‚Die Gedanken sind frei‘. Ein Jahr später wurde sie in München-Stadelheim wenige Minuten vor ihrem Bruder Hans auf die Guillotine gelegt. Gemeinsam mit ihrem Vater Robert liegen sie in einem Grab auf dem Münchner Friedhof am Perlacher Forst.

Das Lied ‚Die Gedanken sind frei‘ ist noch 2011 von den Hörern des MDR zum schönsten deutschen Volkslied gewählt worden. Und als vier Jahre später in Paris die Redaktion von ‚Charlie Hebdo‘ von islamistischen Killern überfallen worden war, wurde das Lied von dreihundert Künstlern aus dem Elsass in elf verschiedenen Städten gesungen.

Längst ist das Lied aus dem Jahr 1780 Volksgut geworden. Aber es tickt eine immerwährende Zeitbombe darin. Der berühmte Dresdner Kreuzchor geht im Herbst des Jahres 2013 auf China-Tournee. Das Programm steht. Aber kurz vor der Abreise steckt irgendjemand irgendeinem anderen irgendetwas. Daraufhin wird kurzfristig ein Lied aus dem Programm der China-Reise gestrichen. Das Lied heißt ‚Die Gedanken sind frei‘. Im gleichen Jahr macht Deutschland mit China einen Außenhandelsumsatz von über 140 Milliarden Euro.

Derfa die des? Ja, das derf die Wirtschaft.

Aber die Freiheit war in diesem Fall nur zweite Siegerin.

Sie tun sich schwer mit der Freiheit, die Konzerne, die Ministerien. Im Jahr 1998 war Hans Zehetmair der zuständige Minister für die Schulbildung in Bayern. Der Ministerpräsident selbst hatte dafür keine Zeit. Der hieß damals Edmund Stoiber und hatte im gleichen Jahr bereits die erste Landesbank-Milliarde in Asien versenkt. Andere politische Störgeräusche wie Castor-Skandal, Einführung des Lauschangriffs, Atomtests in Indien, sowie ‚Desert Fox' wegen der nicht existierenden Massenvernichtungswaffen im Irak, gingen im Jubel der Opposition unter: Rot-Grün wird gewählt. Schröder wird Bundeskanzler.
Bayern haut das nicht um. Und Hans Zehetmair führt sein Schulregiment: Die Rechtschreibreform wird eingeführt. Man tut es nicht aus Not, sondern weil es geht. Wieso auch nicht? Sobald man in Rente ist, kann man als Ex-Minister gemütlich zurückblicken und im ZEIT-Interview enthüllen, wie überflüssig die Rechtschreibreform war, und es „sollte nie wieder vorkommen".
Derf der des? Der Hans, der kann's.
Hans Zehetmair führte das Schulgebet wieder ein. Obwohl zwanzig Jahre vorher ein Volksentscheid über die Bayerische Verfassung endlich die Bekenntnisschulen durch Gemeinschaftsschulen ersetzt hatte. Zwei Stunden Religionsunterricht standen nur je einer Stunde in Geschichte und Sozialkunde gegenüber. Sexualkunde und nackte Menschen waren für Schüler nicht vorgesehen, das Wort ‚Zeugung' wurde aus Schulbüchern gestrichen. Dafür sollte die moderne Frau im Gebet Halt finden, empfahl

der bayerische Kultusminister. Das Kinderbuch ‚Krieg der Knöpfe‘ wurde verboten, weil zwei Hunde darin „Liebe machten“. Homosexualität bezeichnete er als „krankhaftes Verhalten“. Als ehemaliger stellvertretender Bayerischer Ministerpräsident und Staatsminister für Wissenschaft, Forschung und Kunst gab er gerne auch Empfehlungen, „diese Entartung auszudünnen“.

Auch das mussten wir aushalten. Denn seine katholizistisch-intolerante Haltung war mainstream. Diejenigen, die glauben, sie könnten homophobe Betonschädel zum Nachdenken bringen, verweisen gerne auf die alten Spartaner, die doch schon vor zweitausend Jahren in Sachen Homoliebe toleranter gewesen seien als wir im 21.Jahrhundert. Unfug. Bis auf diesen unfassbar kleinen Zeitabschnitt in der Kulturgeschichte war Homosexualität immer bäh. Bei den Assyrern, bei den Akkadern, bei den Römern, bei den Germanen. In Byzanz war Enthauptung für Schwule vorgesehen, unter Stalin der Gulag. In Saudi-Arabien gibt es 7.000 Peitschenhiebe und in manchen Golfstaaten muss man bei der Einreise die Unterhose für eine eingehende Untersuchung herunterlassen. Dann geht’s ab ins Gefängnis. Und da man in Deutschland die Straffreiheit für Homosexualität eingeführt hat, nimmt der züchtige Bürger die Moralkeule selbst in die Hand: im Jahr 2016 explodiert die Gewalt gegen Homosexuelle. Halt! Intoleranz gegen Homosexuelle, so stimmt das nicht. Denn Homosexualität meint auch Frauen. Und da sieht die Sache anders aus. Da sind Männer meist toleranter, würden bei der schmutzigen Damenliebe gerne zuschauen wollen und am liebsten mitspielen. Berlusconi hat ein Wort dafür erfunden:

„bunga-bunga“.

In den 60ern und 70ern schlug das Pendel in eine andere Richtung aus. Wer gegen Prüdheit, Konservative und Nazis war, riss sich die Kleider vom Leib. Der blanke Busen hat es in die Politik geschafft, die Nacktheit war Opposition geworden. In der Wortschöpfung blieb man aber bürokratisch: „Freikörperkultur“. Wer sich pudelnackt am Strand aufhält, ist also frei und kulturell. Wer den Test machen will, wie weit es mit dem Freiheitsgedanken der Nackerten her ist, soll mal versuchen, mit Badehose in den FKK-Bereich zu gelangen.

Doch dann der Schock. Hatte das fürchterliche Gerede über die Abartigkeit der Schwulen doch noch einen anderen Hintergrund als die pure Intoleranz? Ist der Abscheu, gerade in katholischen Kreisen, womöglich auf Mitwisserschaft oder auf eigenen Missbrauch in christlich behüteter Umgebung zurückzuführen?

Der Missbrauchsskandal. Zur Tatzeit waren die Opfer Kinder und Heranwachsende, die den Schutzwall der sexkranken Priester und Erzieher nie durchbrechen konnten. Und selbst das Gesetz hat den Opfern nicht geholfen. Wer bis zu seinem 28.Geburtstag keine Anzeige erstattet hatte, konnte es vergessen. Dann ist der sexuelle Missbrauch von Kindern verjährt. Ein Anspruch auf Schadensersatz, ein dummes Wort in diesem Zusammenhang, verfällt schon am 24.Geburtstag. In zehntausenden von Fällen sind die Vergewaltiger über ihre Schutzbefohlenen hergefallen. Sie hatten die Freiheit, die Jesus den Menschen bringt, im Mund und die Hand dabei in der Hose der Kinder. Aber es ging nicht nur um sexuelle Handlungen. In der Dokumentation des Missbrauchsskandals innerhalb der Regensburger Domspatzen ist zu lesen, wie die Schüler zur Strafe kochend heiße Suppe über die Hände gegossen bekamen, ihr Erbrochenes aufessen mussten und in der Dusche ‚danach' in ihrem Blut saßen. Chorleiter war der berühmte Papstbruder Georg Ratzinger, der nur Ohrfeigen verteilt haben will, aber als ‚Schläger' seine Runden drehte, der Stühle nach den Kindern warf, bis Blut floss. „Fanatisch" sei er gewesen. Welche Freiheit haben sich all diese Extremisten genommen, um Kinderseelen für immer zu zerstören.

Als ob alles nicht schon schlimm genug wäre: Ausgerechnet diejenigen, die mit dem Finger auf den Klerus zeigten, waren auch nicht besser. Ein Teil der GRÜNEN, Gründer, Parteimitglieder und Mitläufer beteten die freie Liebe an, so frei, dass sie den Beischlaf mit Kindern legalisieren wollten. Und ihn für sich selbst schon in der Praxis vollzogen. Als es 1986 in Berlin um Sex mit Kindern ging, gab es einen fürchterlichen Zwischenruf der späteren Bundesministerin Renate Künast. Auf die Bemerkung aus der CDU, dass die GRÜNEN aus NRW die Straffreiheit für sexuelle Handlungen an Kindern wollten, rief sie: „Wenn keine Gewalt im Spiel ist."

Im alternativen Kreuzberg gab es eine Jugendeinrichtung namens ‚Falkensteiner Keller', der nichts anderes war als eine Vergewaltigungsadresse für interessierte Pädophile. Die ‚Bundesarbeitsgemeinschaft Schwule, Päderasten und Transsexuelle‘ als Organisation innerhalb der grünen Partei bestand bis 1987. Jetzt ist man an die sogenannte ‚Aufarbeitung‘ gegangen. Herausgekommen ist ein Bericht von 300 Seiten und eine ‚Anerkennungszahlung‘ an drei Opfer aus der grünen Parteikasse. Auf freiwilliger Basis.

Auch in der Wissenschaft führt kein Weg an der Freiheit vorbei. Über dem Eingang der Universität in Freiburg prangt auf großen Lettern ein Schriftzug: „Die Wahrheit wird Euch frei machen“. Das ist ein Zitat aus dem Johannes-Evangelium. Koransuren dagegen, die die Eingänge der Universitäten in arabischen Staaten zieren, sehen wir als unlautere Verbindung von Wissenschaft und Religion. In Freiburg ist es harmlose Tradition, die nur auf unser großes christlich-abendländisches Leitkulturerbe hinweisen möchte.
Aber in Freiburg ist man weltoffen und man hat als eine der ersten Städte mit einer Universität im Iran eine Partnerschaft aufgebaut. Die Unis Isfahan und Freiburg werden dafür gelobt und die Studis freuen sich. Bis im Jahr 2016 der Islamische Studentenverband der Uni Isfahan unter den 90.000 Studierenden einen Holocaust-Karikaturenwettbewerb ausschreibt. Es ist schon der Dritte seiner Art, aber jetzt soll es noch lustiger werden und dazu dienen, das „falsche Szenario des Holocaust zu entlarven“.
Derfa die des? Im Iran ist das keine Frage.
Natürlich hagelt es Proteste. Nicht zu laut allerdings, die Welt befindet sich gerade auf Schmusekurs mit den Ayatollahs. Man hat sich auf die Meinung geeinigt, dass jetzt moderate Kräfte an der Macht seien. Der Rektor der Uni Freiburg schreibt an seinen Kollegen in Isfahan, er solle sich von dem

Wettbewerb distanzieren. Das tut der nicht, er ist ja nicht lebensmüde.
Hans-Jochen Schiewer, der Rektor in Freiburg, kann den Nimbus als mutiger und kritisch-aufmerksamer Geist zu dieser Zeit gut gebrauchen. War doch die Uni Freiburg bis zum Hals in die Dopingaffäre verstrickt. Von Verabreichungen „im großen Stil ist die Rede“. Aufklärung tut not. „Die Albert-Ludwigs-Universität hat ihr Versprechen, die Vergangenheit der Freiburger Sportmedizin aufzuklären, eingelöst“, schreibt die Uni auf ihrer Website. Beteiligte sehen das ein wenig anders.
Die Untersuchungskommission trat zurück, da Rektor Schiewer persönlich eine Aufklärung behindere. Gratisdoping von der Uni hin oder her: Anfragen der Ermittler werden nicht beantwortet und fünf Kisten mit belastenden Akten lagen jahrelang in der Privatwohnung einer Rektoratsmitarbeiterin. Schiewer drängte in höchsten politischen Kreisen auf eine schnelle Einstellung, heißt es. Der Schriftzug aus dem Johannes-Evangelium wird im Umgang mit den 5.000 Kilometer entfernt zeichnenden Holocaust-Leugnern sehr ernst genommen. In den Zimmern des Uni-Rektorats geht man mit dem Johannes-Evangelium lässiger um.

Tatsächlich ist im Holocaust den Nazis der zynischste und grausamste Umgang mit dem Begriff ‚Freiheit‘ gelungen. Über den Zugangstoren von fünf Konzentrationslagern steht heute noch zu lesen: „Arbeit macht frei“. Zurecht ist die Verwendung dieser Nazi-Floskel tabu. Sollte man meinen. Das Tabu gilt nicht für Fernsehmoderatorinnen, die früher Kaminkehrerinnen waren.

Juliane Ziegler schmiss das Handwerkerleben auf den Berliner Dächern, um am warmen Strand mit anderen Schönheiten vor den Fernsehkameras um den *Bachelor* zu kämpfen. Sie gewann. Gepflegte Füße, sonstiges Zubehör, und die Auserwählte des Fernseh-Tarzans zu sein, verschafft den Eintritt in die Fernseh-Welt und plötzlich war sie ‚Moderatorin'. Doch dann passierte ihr bei ProSieben ein Missgeschick, als sie einem Live-Anrufer zurief: „Hey, da musst Du ein bisschen enthusiastisch und, yeah, arbeiten, Arbeit macht frei." ProSieben wollte sie daraufhin nicht länger haben, aber andere Sender schon. Als Entschuldigung hatte sie in der Sendung nachgereicht, es sei ihr da „einfach rausgeflutscht, was man irgendwo mal aufgeschnappt hat."
Das, was sie „irgendwo mal aufgeschnappt hat", hat über sechs Millionen Menschen das Leben gekostet. Juliane Ziegler moderiert heute das Wissensmagazin ‚Galileo'. Mal sehen, was sie da alles aufschnappt. Auch das müssen wir aushalten.

Ich hoffe für mich selbst, dass ich ein guter Streiter für die Kunst- und Meinungsfreiheit bin. Freiheiten gelten als hohes Gut. Es ist ein uraltes Wort, dieses Wort ‚frei'. Seit dem wissenschaftlich fassbaren Ursprung trägt es eine äußerst positive Bedeutung, in der indogermanischen Wurzel lauern Bedeutungen wie: schützen, schonen, gernhaben, lieb, beistehen, Geliebter usw. Im Laufe der Zeit gab es viel Missbrauch mit diesem Wort. Inzwischen gibt es viele Freiheiten. Für die Industrie allerdings weitaus mehr als für Menschen. Ihre Socken, meine Unterhose, alles aus Asien kommend, haben mehr Freiheiten Grenzen zu überschreiten

als Leute, die aus Not fliehen müssen. Ich werde das mit dieser Rede nicht ändern können, so ist die Welt.
Aber sooo grausam wie sie ist, müsste sie nicht sein. Im Jahr 2017 ist es mir mit meinem kleinen Verein Orienthelfer e.V. gelungen, einen fünfzehnjährigen Syrer aus dem Islamischen Staat herauszubekommen. Sein drei Jahre älterer Bruder lebte schon einige Zeit in Berlin und versuchte, wenigstens seinen kleinen Bruder zu retten. Papa und Mama saßen noch am Euphrat, in Todesangst, weil die Bomben näherkamen. Die ältere Schwester war bereits zwangsverheiratet mit einem Offizier des Islamischen Staats, die jüngere saß seit drei Jahren im dunklen Zimmer, um diesem Schicksal zu entgehen. Als im Vorfeld unserer Aktion das Behördenlabyrinth in Berlin von einer Rechtsanwältin, die mit diesem Fall betraut war, bewältigt wurde, musste sie sich von den Beamten belehrend anhören: „Sie wissen schon, dass Sie damit eine Familie auseinanderreißen?!“
Anscheinend wusste diese Knalltüte nicht, dass in diesem Augenblick einhundert Staaten dieser Erde gemeinsam versuchen, das Terroristenregime des IS niederzukämpfen, aus dessen Fängen wir gerade einen Fünfzehnjährigen retten. Ja, retten! Inzwischen ist er in Berlin bei seinem Bruder gelandet. In Freiheit. Meine Fassungslosigkeit und meine Wut bleiben. Wut über unsere Unmenschlichkeit.

Die Beschneidung von Freiheit ist immer ein Zeichen von Schwäche. Und gegen Schwäche kann man was machen. Die Fürsten, die Schillers ‚Wilhelm Tell‘ zensieren ließen, (schließlich wurde da ein Fürst gekillt, aus guten Gründen sogar), diese Fürsten sind vergessen. Schillers ‚Tell‘ nicht.

Verdis ‚Rigoletto' wurde zensiert. Damals. Heute wird er bejubelt. Die in der Oper dargestellte verkommene Hofgesellschaft, die sich auf den Schlips getreten fühlte, gibt es nicht mehr. Und die heutige Bussi-Bussi-Gesellschaft fühlt sich nicht getroffen. Weil sie von der Oper nichts mitbekommt, da die ankommenden Smartphonebotschaften wichtiger sind.

Ich möchte Ihnen kurz noch erzählen, warum ich heute hier stehe. Ich stehe hier, weil ich Kabarettist geworden bin. Und Kabarettist bin ich geworden, weil ich erstens das wunderschöne Obst- und Gemüsegeschäft meiner Eltern nicht übernommen habe. Und zweitens, weil ich kein abgeschlossenes Studium habe, das ich in geregelte Arbeit umsetzen könnte.
Und das war so: In einem der ersten Semester meines Studiums habe ich auf Franz Josef Strauß zwei Eier geworfen. Aber ich habe nicht getroffen. Ich war ungeübt im Werfen von rohen Eiern. Die ‚Eimasse' wurde zwar anschließend von der Polizei ‚festgestellt', was im Klartext hieß: von der Treppe gekratzt. Aber die Bayerische Staatskanzlei zelebrierte den Terrorakt. Edmund Stoiber, damals Staatskanzlei-Chef, erklärt der Presse, dass ich einen Hartgummiball auf Augen und Stirn von Franz Josef Strauß geworfen hätte. Strauß selbst zeigte mich wegen Körperverletzung an, er sei „am Kopf getroffen" worden und „nur durch eine blitzschnelle Reaktion konnte er einen Volltreffer im Gesicht verhindern. Der Wurf traf ihn an der linken Schläfe, die noch tagelang schmerzte und rote Schwellungen aufwies." All das war gelogen. Tatort war der Nockherberg, allerdings nicht das legendäre

Politikerderblecken, sondern eine Wahlkampfveranstaltung der CSU im Januar 1987.
Nachdem in München noch lange über die „blitzschnelle Reaktion“ des geheimnisvoll wendigen Ministerpräsidenten gerätselt wurde, war ich wegen Körperverletzung angezeigt. 5.000 DM Strafe. Und die Sache wurde eingestellt. Die einzige, die zu mir hielt, war damals meine Oma, die zu dem Eierwurf meinte: „Schad, dass des der Opa nimmer derlebt hat.“
Die Angelegenheit war damit nicht beendet. Monate nach der Aktion am Nockherberg kam einer meiner Professoren auf mich zu und meinte, wir beide müssten etwas besprechen. „Das, was ich Ihnen jetzt sage, haben Sie nicht von mir, Herr Springer. Ich darf Ihnen das nicht sagen“, begann er. Und er erzählte mir, dass der Staatsschutz an der Uni angerufen hätte und den Gremien mitgeteilt hätte, dass der Student Springer an der Münchner Uni keinen Abschluss machen würde und „auch sonst an keiner Uni in Bayern“. Ich habe bis heute keinen Abschluss einer Universität.
Aber ich habe mich daran gehalten, um was mich mein Professor damals gebeten hat. Zuhause aber haben wir oft darüber gesprochen. Wir waren fassungslos. Wie konnten die demokratisch gewählten Führer unseres Staates, Edmund Stoiber und Franz Josef Strauß, so lügen und mit ihrer Unterschrift in einen juristischen Fall eingreifen, in einem Fall, in dem ein junger Student zwei Eier geschmissen hat, die nicht getroffen haben?
Meine Mama meinte damals leise: „Was machen denn die beiden, wenn es wirklich mal um was geht?!“ Ich war damals nur eine einzige Nacht im Gefängnis, habe aber sehr viel

gelernt.

Noch lange kann man über *die Freiheit* sprechen. Und wer es genau wissen will, was das ist, *die Freiheit*, der wird von hundert Wissenschaftlern aus Recht, Philosophie, Kunst, Religion, Wirtschaft, Politik und Soziologie hundert verschiedene Definitionen bekommen. Unterm Strich steht fest: Die Freiheit hat zwar jeder im Mund, aber eine ‚echte' Freiheit für alle Menschen ist nie dabei. Selbst der in die Freiheit entlassene Übeltäter erfährt seine Freiheit außerhalb der Gefängnismauern oft als das Gegenteil von dem, was sie sein soll. Seine Freiheit empfindet er oft als bedrückend, gefährlich und letztlich unfrei. Allerdings fehlt uns anderen meist das Verständnis dafür.

Wir singen das Hohelied der Freiheit, wo wir gehen und stehen, bis hin zur Nationalhymne mit „Einigkeit und Recht und Freiheit". Und wir tragen sie als Motto der Aufklärung in „Freiheit, Gleichheit, Brüderlichkeit" als Banner vor uns her. Wir gehen in die Oper und freuen uns an Giuseppi Verdis ‚Nabucco'. Im dritten Akt summt dann auch der musikfremde Zuschauer gerne mit, wenn der berühmte Gefangenenchor ‚Va, pensiero' („Flieg, Gedanke") anstimmt.
Wen schert es, dass Verdi damit nicht nur die Gefangenschaft Israels beim babylonischen König Nebukadnezar gemeint hat, sondern damals sehr real die Besetzung Italiens, Unfreiheit.
Umso gruseliger, dass dieses ‚Va, pensiero' von der rechtsradikalen ‚Lega Nord' anstelle der italienischen Nationalhymne verwendet wird.
Derfa die des? Ja, auch in Italien ist man so frei.

Aber wem gestatten wir tatsächlich die ‚Freiheit'? Ich möchte noch einmal einen Amerikaner zitieren. Allerdings keinen melancholischen und weisen Indianerhäuptling, wie man sie so oft an solchen Stellen zu Wort kommen lässt, um die eigene Ethnologieromantik zu pflegen, sondern ganz banal den wohl berühmtesten Präsidenten der Vereinigten Staaten. Und es handelt sich NICHT um Donald Trump, sondern um Abraham Lincoln, der sagte:
„Wer anderen die Freiheit verweigert, verdient sie nicht für sich selbst."
Abraham Lincoln wurde erschossen. Ich will diese Rede aber nicht mit einem Politikerzitat beenden, sondern mit einem Künstler. Mit den Beatles bin ich aufgewachsen, ohne dass ich je ein großer Fan gewesen wäre. Dennoch: Sie waren wichtig. Auf unseren schummrigen und doch immer harmlosen Kellerparties damals. 1971 veröffentlichte John Lennon seinen Welthit ‚Imagine'. Lennon war mehr als ein Musiker, er war Aktivist, Kämpfer für den Frieden und er war mit Sicherheit ein Träumer. So wie er ihn in dem Lied besingt. John Lennon wurde erschossen.
Derf des sei? Nein.
Auch das neunte Gnadengesuch von Mark David Chapman, der sich vom ‚Beatle' John erst noch ein Autogramm geben ließ, um ihm dann fünf Schüsse in den Rücken zu jagen, wurde abgelehnt.

Die Liste der Menschen, die wie Lennon ermordet oder eingekerkert und massakriert wurden, nur weil sie die Freiheit im Kopf hatten oder im Munde führten, ist nicht lange, sie ist endlos.

Herrschaftszeiten noch einmal, wann hört das auf?
Wir sind Menschen. Angeblich alle gleich. Nur durch einen Zufall in irgendein Land hinein geboren.
Meine Damen und Herren, eines steht fest, aber anscheinend haben es, trotz „Leitkultur“ und christlich-abendländischer Herkunft, noch immer nicht alle kapiert: Ein Mensch, wenn er geboren wird auf dieser Welt, egal wo, egal wann, er ist eines: frei, frei, und nochmals frei!
Und das müssen alle Götter dieser Welt, die da oben und die selbst ernannten hier unten: aushalten.

Ich wünsche Ihnen einen wunderschönen, *freien* Sonntag.

Nachrede (nur für das Buch)

Als im November 2015 die AfD vor dem Theater in Mainz demonstrierte, traten über einhundert Mitglieder des Staatstheaters auf den Balkon und sangen die Ode ‚An die Freude'. Das war einer der qualitativ hochwertigsten Proteste gegen die aufstrebende rechte Partei. Und man dachte gar nicht daran zu fragen:
„Derfa die des?"
Sie durften nicht. „Wer eine genehmigte Versammlung grob stört, macht sich strafbar." Das Polizeipräsidium erstattete Anzeige.

Manes Sperber, der galizisch-österreichisch-französische Schriftsteller und Philosoph, schließt seinen Essay ‚Der freie Mensch' mit den Worten: „Ich habe gezeigt, dass es nicht leicht ist, frei zu werden. Nun, es ist auch recht schwer, frei zu bleiben, d.h. unter anderem, gegen den Strom zu schwimmen, gerade wenn er am unbändigsten ist und reissend wird. Trotzdem darf man glauben, dass die Freiheit eine große Zukunft hat."

Seit dem Frühjahr 2011 skandierten auf den Straßen und Plätzen Syriens die unbewaffneten Demonstranten ein Wort: ‚Freiheit' (auf Arabisch: Hurrieje). Auf sie wurde scharf geschossen. Die große Zukunft der Freiheit dauert wohl noch eine Weile. Aber wir sind dran!

Das Interview

Mehrere Interviews, die mit Christian Springer im Rahmen der Kanzelrede geführt wurden, sind hier in einem zusammengefasst:

Herr Springer, warum machen Sie Kabarett?

Ich kann nichts anderes. Im Ernst: Kabarett zu machen, ist für mich der großartigste Beruf, den man sich vorstellen kann. Wir haben eine Bühne und können unser Publikum für ein paar Stunden in unsere Welt entführen und gleichzeitig kommt man selbst viel rum.

Geht Ihnen das viel unterwegs sein nie auf die Nerven?

Doch. Das Verkehrschaos ist der schrecklichste Teil der Tournee. Dazu kommen die fürchterlichen Garderoben, das sogenannte Backstage. Ich brauche keinen Whirlpool. Aber dreißig Jahre jeden Abend die gleichen Kekse, den gleichen Scheibletten-Käse, das macht keinen Spaß. Und oft ist die Garderobe nur ein Kellerloch oder ein eiskaltes Treppenhaus und auf dem Spiegel sind die versteinerten Kaugummireste der Bands aus den 70er Jahren.

Um was geht es in Ihrem Kabarett?

Ich könnte jetzt sagen um die Bundespolitik und die aktuellen Aufreger. Das stimmt zwar, aber es geht mir in erster Linie darum, mein Publikum zu erreichen. Wenn es geht, sogar etwas wachzurütteln, Ihnen etwas mit auf den Weg zu geben.

Sie haben also eine Botschaft?

Ich hoffe – nicht nur eine. Aber leider ist das heute sehr verpönt: Igittigitt, der hat eine Botschaft, geht da nicht hin. Das sind Versuche unsere Zunft kaputt zu machen.

Sie wollen die Welt verändern?

Um Gotteswillen! Wer glaubt, mit zwei Stunden Kabarett am Abend den Weltfrieden herstellen zu können, ist auf der falschen Spur. Aber man will inzwischen auch das Kabarett reduzieren auf pure Nützlichkeit.

Wer will das?

Veranstalter, Fernseh-Redakteure, leider auch Kollegen. Wie oft habe ich gehört: Es soll halt lustig sein, die Leute wollen doch lachen. Damit reduziert man das Kabarett zur Ware. Man kauft eine Mütze, damit die Ohrwaschl nicht frieren. Man bietet Kabarett an, damit die Leute lachen können. Dabei kann Kabarett viel mehr.

Was denn?

Das Kabarett ist wie ein Instrument. Ich kann damit die Herzen erreichen, ich kann die Menschen fröhlich machen, ich kann sie zum Weinen bringen. Ich kann das Publikum verstören, informieren, ärgern und im nächsten Moment zum Nachdenken bringen. All das und noch viel mehr, und dann muss man sich von irgendwelchen Stümpern sagen lassen: Die Leute wollen doch nur lachen. Dafür gibt es Witze-Erzähler und wer will, kann sich einen Lachsack kaufen.

Und wie reagiert das Publikum?

Das Publikum ist großartig und sehr viel gescheiter als die Pessimisten immer behaupten. Regelmäßig kommen nach meinen Auftritten die Leute zu mir, schütteln mir die Hand und sagen Dinge wie: „Wie schön, dass man auch mal nachdenken darf." Oder: „Endlich mal nicht immer unter der Gürtellinie." Oder: „Bei Ihnen habe ich ständig Tränen in den Augen, vor Lachen und vor Rührung." Einer hat gesagt, ich bin ein „Mutmacher".

Aber was ist nun Ihre Botschaft? Weg mit dem Ministerpräsidenten?

Haha. Wenn er es ganz schlimm treibt, ja. So habe ich vor Jahren in einer Fernsehsendung, das war live an einem Aschermittwoch, den damaligen Vizekanzler Westerwelle in die Wüste geschickt. Auf diese kurze Sequenz werde ich heute noch angesprochen. Das hat die Leute sehr bewegt, als es plötzlich todernst geworden ist auf der Bühne.

Und heute Abend auf der Bühne?

Meine Botschaft ist simpel: Leute, habt eine Haltung. Habt Ziele und verfolgt die. Man kann etwas bewegen, auch als Einzelner. Lasst Euch nicht entmutigen. Lebt. Genießt. Und ganz weit oben: Lasst anderen Freiheit. Und man muss im kleinen anfangen. Wie der berühmte Komponist Nikolaus Harnoncourt. Der hat bei Karajans Wiener Symphonikern nach siebzehn Jahren das Cello geschmissen, weil er nicht ertragen hat, wie Mozarts G-Moll-Symphonie gespielt wurde. Sowas find ich super.

Inwiefern spielt in Ihrem Programm Ihre humanitäre Arbeit eine Rolle?

Ich helfe seit 2011 syrischen Flüchtlingen vor Ort. Damals wussten die wenigsten, wo Syrien überhaupt liegt. Ich bin zweimal im Monat im Libanon, dieser persönliche Bezug dazu interessiert das Publikum sehr. Dabei geht es nicht um irgendeine Bühnenwirkung, es ist ja alles selbst erlebt.

Warum spenden Sie nicht das Geld an andere Organisationen? Ist das nicht sogar gefährlich, selbst hin zu fahren?

Ich bin ein Laie, was das Profi-Geschäft der humanitären Hilfe angeht. Aber als ich das erste Mal nachts vor 270 syrischen Flüchtlingen stand, auf die vor wenigen Stunden noch in Syrien geschossen worden ist, habe ich gesehen, was es braucht: schnelle Hilfe und direkte Hilfe. Und dann dran bleiben. Ich versuche mit meinem Verein Orienthelfer e.V. die Lücken auszufüllen, die die großen Organisationen hinterlassen. Und gefährlich? Das Gefährlichste an meiner Arbeit ist der Straßenverkehr in Beirut.

Herr Springer, woher kommt der Antrieb, selbst nach sieben Jahren Krieg nicht locker zu lassen?

Zum einen bin ich familiär vorbelastet. In unserer Familie dient man nicht im Militär, sondern hilft. Schon meine Urgroßmutter hat sich im 19. Jahrhundert um Arme gekümmert. Zweitens ist es ein Irrtum zu glauben, dass humanitäres Handeln ein Freizeitvergnügen ist. Das Helfen ist Menschenpflicht. Ohne diesen Grundgedanken hätte nicht einmal eine Steinzeitfamilie überleben können. In Christentum, Islam,

Judentum ist es religiöse Pflicht. Und in der UNO ist die Humanität längst zum weltweiten Gesetz geworden. Leider hält sich niemand daran.

Sie mischen sich ein. Nicht nur von der Bühne herab. Sie waren jahrelang auf der Suche nach einem NS-Mörder. Warum?

Die Frage ist doch: Warum haben Alois Brunner so wenige gesucht? Er war die rechte Hand von Adolf Eichmann. Über 120.000 Menschen hat er selbst auf dem Gewissen. Die Syrer haben ihn versteckt, die Deutschen haben zugeschaut. Ein unfassbarer Skandal. Ich bin froh, dass nach vielen Jahren meine Recherchen jetzt bestätigt wurden.

Sie werden oft gefragt: was halten Sie vom Islam? Was sagen Sie dann?

Ein Mörder bleibt ein Mörder. Für die Opfer spielt es keine Rolle mehr, aus welchen abartigen Motiven heraus sie umgebracht wurden. Jetzt erleben wir gerade eine Welle islamistischen Terrors. Aber bedenken Sie, die IRA hat neunzig Jahre lang schreckliche Bomben gezündet. Die IRA war katholisch. Und noch heute gibt es Terror, ausgeübt von Christen. Die überwältigende Mehrheit der Moslems will Ruhe. Genau wie wir. Und die meisten Opfer des islamistischen Terrors sind Moslems. Das vergessen wir oft.

Vielleicht verraten Sie uns am Schluss doch noch, um was in Ihrem Kabarett geht ?

Achso, ja. Es kommt vor: die Nationalhymne, das Aussterben der Preißn-Witze, warum meine Eier auf Franz Josef Strauß nicht getroffen haben und was aus dem ‚Mia san mia' wird, wenn die Integration doch klappt: Sind die andern dann auch ‚Mia'? Ich glaube, ein echter und ein sehr persönlicher Kabarett-Abend. So sagt man, hahaha.

Eine allerletzte Frage, in Bezug auf die Kanzelrede heute: Der katholische Kabarettist hat welches Verhältnis zur evangelischen Kirche?

Das gleiche wie zu Hindus, Orthodoxen, Atheisten und allen anderen: leben und leben lassen. Aber ich leide sehr unter der gruseligen Unmenschlichkeit und Intoleranz, die in jeder Religion vorhanden sind. So zum Beispiel, wenn Luther gegen die Juden hetzt und dazu aufruft, die Synagogen zu zerstören und „dass man auch ihre Häuser zerbreche und zerstöre." Zum Glück setzt man sich im Lutherjahr intensiv damit auseinander. Die meisten meiner Vorfahren waren übrigens evangelisch. Die Ansiedlung in Bayern hat das geändert. Heute sind in Deutschland nur mehr circa fünfzig Prozent der Bevölkerung gläubig. Ich halte das nicht für schlimm. Schlimm wird es erst, wenn der spirituelle Gott abgelöst wird durch den anderen Gott: das Geld, und keiner will es wahrhaben. Wir sind mitten im Tanz ums Goldene Kalb und halten uns für frei. Was für ein Irrtum.

Oktober 2017